找回起初的愛

喜樂家族◎著　　劉宗慧◎繪

目 錄

【出版緣起】

黑暗中的鑽石光芒

我要將暗中的寶物和隱密的財寶賜給你，使你知道提名召你的，就是我耶和華。

——以賽亞書四十五章三節

這節經文對我有特別的意義。

身為牧師，我知道天父愛每個人，即使是身心障礙的孩子，我相信天父也愛他們如寶貝，只是當理性勝過感性時，心裡仍然會想「到底上帝怎麼看這些孩子？」

上帝回答了我的問題。

在不同的時間、不同的地點，兩位外國牧師為我祝福禱告時，竟然不約而同地說出這節經文，剎那間，一道電流劃過心中，因為悸動也因為對神的敬畏，因為我清楚知道天父所賜「暗中的財寶」是指我親愛的孩子們

——唐寶寶、自閉兒、發育遲緩腦麻、罕見疾病等喜樂家族的孩子們。

　　上帝兩次強烈地告訴我：這群在世人眼中「不怎麼樣」的小孩，是天父所愛的隱密珍寶。

　　我由衷地敬畏神，因為祂真的沒有棄絕任何人。

　　回想二〇〇〇年，我毅然成立喜樂家族服務身心障礙者家庭，感謝上帝，讓我陸續找到一樣有傻子精神的夥伴們一起打拼，一次次克服「要教很多很多次」的沮喪，也曾付上流血的代價；當情緒障礙的小孩突然抓狂咬你抓你時……若沒有上帝的愛，早就棄械投降了。

　　鑽石，埋藏在深坑最堅硬的石頭底下，若沒有付上雙手被尖石刺傷流血的代價，永遠不會看到鑽石璀璨的光芒。

多年的努力，果真看到鑽石的光芒！

不僅看到孩子們綻放進步的光芒，更看到大人們在日積月累、年復一年的磨練下，焠鍊出忍耐、溫柔、憐憫、犧牲奉獻的迷人光芒，而這不就是世人追求美善的品格嗎？

前幾年，《天下雜誌》曾做過一份調查，發現台灣在十年教改後，品格教育大為退步。無獨有偶，前不久聽到一則有趣的新聞，教育部要花數億龐大的經費，推動「台灣有品運動」，冀望提升品德教育、品味與品質，達到人人有「三品」的目標。立意甚好，只是花錢就能打造好品格嗎？

冷眼看波濤洶湧的人生考驗，品格，是一個人抗壓的態度——在面對壓力時，仍然持以忠貞、真誠的處事

態度。面對困難的最直接反應，有人積極面對，視挫折為挑戰，令人激賞；相反的，有人陷入自憐與忿怒交織的情緒低氣壓中，讓身邊人想逃之夭夭，深怕掃到「颱風尾」。

上帝造萬物，賜人良善的天性，但是為什麼在歲月成長下，愛心漸漸冷淡？所行為非呢？我想可能因為曾經受傷害而帶來以自我為中心或自我防衛的信念，最後衍生出錯誤的生命態度。

還好，愛能醫治一切的傷口。

多年來，我看過許多人經歷上帝的愛，上帝擦去他們的眼淚、醫治生命中的傷口，他們改變了對自己、對人（家人）的態度，活得很喜樂、很有光采，綻放出如鑽石般的光芒；就像喜樂家族裡的父母與志工老師們，

透過與孩子的互動，造就犧牲奉獻的一身好功夫，助己又利人。

　　上帝透過這些孩子鍛鍊我們的品格，每個鍛鍊過程中有歡笑有淚水，我們將之編寫成「無尾熊男孩」、「小老闆」、「吃紙的男孩」、「衣櫥裡的濕衣服」、「找回起初的愛」、「第二個媽媽」等八篇真實故事，真實呈現父親、母親、志工老師們如何在孩子們身上學會忍耐、溫柔、憐憫、讚美、禱告的大能。出版的目的，只是想告訴大眾：這些孩子雖然說不出心中的喜怒哀樂，但是他們跟你我一樣，有想法、有感情，他們需要愛也懂得愛人，他們不是異類。最重要的是，好品格不需要花錢，也不用補習，在生活中學習就行。最後，「小驢駒」童話，為獻給在現實社會中仍秉持良善

赤子之心的每一個人。

　　此書順利出版，特別感謝一群朋友的幫助：感謝封筆十年的插畫家劉宗慧姐妹帶著女兒樂河，還有在家教育的幾個小朋友，帥氣地一口答應義務為本書獻上所有的插畫，而且也找來文編劉思源及美編陳春惠，更邀請丈夫曾陽晴弟兄（知名兩性作家）義務寫了兩篇見證稿，另外繼續深入採訪編寫這四本書的陳月莉姐妹、還有持續關心喜樂家族的企業人士、默默付出的市井小民……你們的愛心，上帝都看見了。

潘秀霞

（本文作者為喜樂家族總監）

喜樂的源頭

　　本年八月一個平常的日子，暑假將結束，潘秀霞總監與喜樂家族同工一行十一人到香港考察交流。雖然是初次見面，但因同為一個大老闆工作，服侍同一群小老闆起居、生活、育樂大小事宜；理念一致、目標相同，彼此間的溝通沒有因我的港腔國語而有所隔閡，我們從日常的軟、硬件經營以致經營背後的理念都觸蹈到；令我感到驚訝的是，這家族在有限的資源下、很短的時間內，開展那麼龐大的工作，還出版了多部書籍，感動了海內外許多人，這真見證了上帝的豐盛恩典，臨在這群充滿喜樂的子民身上。

　　《找回起初的愛》屬真愛系列的第四本書，前三書《看見天使的笑臉》、《我的微笑就像一首歌》及《喜樂家族》，內容滿載具名、具照的人物寫真；文字和照

片結合，令人讀書如讀人，憨、嗔、愛、真……玲瓏活現紙上。數十個真實的個案，透過這三冊書，讓散在不同國度的特殊發展需要人士及家人看到了喜樂的源頭，三本厚實的彩色生命相簿，記錄著親子情、手足情、師友情，每一段文字都觸動著人心。

《找回起初的愛》一改前著風貌，「無尾熊男孩」、「愛生氣的女孩」、「吃紙的男孩」……書中開始起用無名的主角，沒有照片標示，代之而是切合內容意境的優美插畫。全書滿是憨兒特性與兒童通性的混合描繪，閱文賞畫，秉承前著對親子情的寫實之餘，又增添了許多想像空間，讓讀者好想一睹故事主人翁的廬山真面目，好想認識誰是第二個媽媽，誰是無尾熊男孩……。無照但輪廓清晰的描述，使人有觀賞藝術剪紙

畫本的感覺。

　　小驢駒不若醜小鴨般屬一轉化過程。預備做小驢
駒、樂做小驢駒、甘於只做小驢駒……，不因服侍有成
而異化為騾、為馬；這是對家長、對志工、尤其對特教
工作者是永恆的提醒。讀者宜細嚼、細賞。

伍國雄

（本文作者為香港明愛樂勤學校校長）

喜樂家族──愛的試金石

在十九世紀後期，有些人將達爾文進化論的思想應用於人類社會，稱為「社會達爾文主義」，一時盛行，而進化論中的「優勝劣敗，適者生存」的觀念使得許多人異想天開：如果人類能以科學的方法來挑選基因，就可以生出更多「品種優良」的人，那麼社會就會更進步，國家就可以更強盛，優生學（Eugenics）的觀念隨之受到重視。

或許當時的人也跟我們現代人差不多，對社會有些自以為是的見解，覺得上帝所造的世界充滿缺憾，若能選擇「好的」基因來繁殖，淘汰「不好」的品種，那麼這個世界應該會更完美。最極端的例子就是二次世界大戰時，德國納粹黨藉優生學為藉口，屠殺猶太人，造成人類的浩劫。很多人在經過慘痛的教訓後，了解優生學

違反道德倫理和人權，那是因為少數人要扮演上帝，卻讓全體人類承擔苦難。

當時也有一群科學家提出優境學（Euthenics）的觀念，他們認為，一個好的環境應該是適合不同的人生存和生活，不管先天條件如何，只要是來到這個世界，一定有上帝的美意和計畫，就配得機會。以「優境學」對抗「優生學」，那群學者後來創立了「家政學」（Home Economics）。家政學其實不是只專注於過好自己的家庭生活，更是從生態系統去體認每個人在人類社會的「大家庭」中的價值和尊貴。

時至今日，還是有人以悲憫的想法，不願見到有「缺陷」的孩子來到世間受苦，想方設法讓他們「不要來」！然而根據世界衛生組織的資料，不管是進步或落

後的國家，特殊兒童的出生率都會維持在6％～8％，也就是說，優生學是人類一相情願的想法，特殊兒童也是地球人，跟你我一樣，需要一個友善悅納而能發揮潛能的環境。

《找回起初的愛》的內容非常感人，我們在字裡行間讀到這些特殊孩子的生命如何發光，那是因為有許多愛他們的人，我們可以想像，當父母知道自己的孩子「與眾不同」時，心裡一定很複雜，想到往後的歲月要付出的辛勞，一定是不知所措。但是憑著信心，他們在跟孩子互動的經驗中，展現了無限的幽默和寬容，雖然生活中還是有很多「重擔」，然而已因著基督信仰而能舉重若輕。

這些孩子其實比很多「正常」的孩子幸福，因為他

們被接納，被認識，也被照顧，不但有世間的親人疼愛他們，更有天上的父親呵護，而他們的父母也因著生命中有他們的特殊需求，而對上帝有更深的認識和信靠。

唯有當我們深切體會「小驢駒」的不可或缺，我們才能真正認識並享受無條件的愛。

黃迺毓
（本文作者為台灣師範大學人類發展與家庭學系教授）

因為愛，可以創造希望

　　《找回起初的愛》很童話也很現實，書中將身心障礙的孩子比喻為「小驢駒」，通常也適用於企業界。因為放眼望去，公司裡有駿馬也有小驢駒。

　　經營企業不外乎把有限的經營資源：人才、資金、產品做最有效的運用，讓公司永續經營，其中，又以如何適才適所的運用人才最為困難。廿多年來，從公司新進人員成長過程中，看到有留學歸國的高學歷人才，卻因眼高手低而至終一事無成；另有學歷不高，但肯專心投入、肯學習、上進心強者，現已成為公司的高階經理人。上帝賦予不同的生命，但皆賜予恩賜與挑戰，且看每個人如何珍惜恩賜才幹，好好的運用。

　　昔日的小驢駒能成為今日的駿馬，但有一件事不可少。

努力與才幹能助人登上事業的高峰，但唯有「品格」方能讓人保持高峰，而不墜入名利試探中以致跌得身敗名裂。在職場混戰廿餘載至今，雖然旁人與媒體為我冠上白手起家、青年企業楷模的光環，但我常告誡自己，要保守純正，才能勝過試探。我祈求上帝保守我有一顆小驢駒單純的心。

《找回起初的愛》讓我想起職場角色，而書中「衣櫥裡的濕衣服」、「第二個媽媽」……等短文，讓我想起為父的甜蜜任務。我女兒今年要讀大四了，女兒小的時候當她的大玩偶，小女孩長大了當她的朋友，跟孩子沒有代溝，是父親的喜悅，也是一種驕傲，比為公司開分店更開心呢。

父母的愛，能豐富孩子的生命。將心比心，我相信

唐寶寶的父母要付出更多的心力，方能使孩子如單調的水泥牆生命長出嫩芽，在親子關係中找到新生的綠意。而我相信他們遇到的挫折也會比我們一般父母來得更深更痛。所幸，人的力量有限，神的恩賜無窮，看到「找回起初的愛」自閉兒媽媽藉由禱告的力量撫平孩子如火山烈燄般的情緒，看似神蹟卻是真實的，因為我自己也常常向神禱告尋求智慧「解套」。

如果這些孩子是小驢駒，有件事令人深省。「全家」分店雇用數位唐寶寶員工，他們對一件事的執著與投入，相對於時下年輕人做事的五分鐘熱度、滾石不生苔，唐寶寶們的做事態度有許多值得學習之處。

這是一本值得一讀再讀的好書，書中的親子故事與見證，我看了會想笑、也有點鼻酸，因為看到老師及父

母親激勵憨兒生命中隱藏的無限可能，這就是愛。我們的社會很需要愛，因為愛，可以創造希望。

潘進丁

（本文作者為全家便利商店董事長）

衣櫥裡的濕衣服

謝謝你讚美我，我願意盡我心力完成任務。

因為你們的愛，讓我更有自信也更快樂！

最近家裡發生一件怪事。

星期一早上，我打開衣櫥準備著衣上班時，我的眼鏡差點掉下來！

「衣服還沒有乾怎麼就收進來？！」我不可思議地看著昨晚晾在後陽台上的一堆溼衣服，現在每件摺得方方正正的，整疊躺在衣櫥裡，而且濕衣服像掠兵擴張境界，連放在旁邊的乾衣服也一一淪陷成為俘虜，整個衣櫥散發出一股濕漉漉的氣味。

「真是浩劫呀⋯⋯」老婆站在一旁咕噥著。

我們夫妻倆只得精挑細選「浩劫餘生」後的乾爽衣服上班。

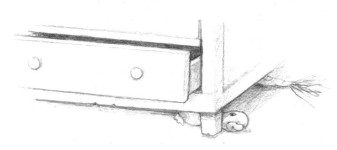

看衣服摺得整整齊齊的手工，就知道是兒子的傑作。

　　「衣服還沒有乾就不要收。」我心平氣和地對兒子說。畢竟他摺衣服（雖然衣服是濕的），幫忙做家事是好行為，不該兇他。兒子對我一笑，我當他已經聽懂了。

　　沒想到七天後，浩劫又發生了。

　　「這到底是怎麼回事？！」這回大叫的是老婆。

　　我跟老婆兩個人四隻眼睛外加兩副眼鏡齊盯著兒子，告訴他：「衣服還沒有乾就不要收！」

　　「嘻嘻嘻。」兒子難得出聲回答，因為他是有語言障礙的唐寶寶，一向沉默。兒子邊說還邊搖頭，我們很快就知道他搖頭的意思了，因為我們又經歷第三次浩劫。

　　「……」

　　這回，我跟老婆盯著衣櫥沒有說話，因為我倆的大腦已經打結了。

　　「為什麼他要這麼做？」老婆緩緩吐出一句話，打破沉默。

　　我們開始發揮福爾摩斯辦案的精神，推敲兒子的行

徑：過去一個禮拜好好的，星期天也如往常時間上床，

可是星期一早上就發現濕衣服摺得好好的，所以……他

是半夜爬起床摺衣服！喔，天呀！

　　「嘻嘻嘻。」兒子邊說邊點頭，證明我們的推理不

假。

　　我們不懂兒子為什麼非得半夜起床收衣服、摺衣

服，跟他說好說歹，仍然每週一固定上演「衣櫥沉淪

記」，唉，兒子唐寶寶的固執功力已達到最高的忠貞境

界了。

「為什麼兒子這麼堅持呢？」我跟老婆都丈二金剛摸不著頭緒，直到三個月後，終於找到原因。

那天我巧遇日間照顧的老師，提起兒子最近的怪異行為。

「我想兇手可能是我！」老師睜大眼睛說。

原來老師每週一上課都會問：「有沒有幫忙做家事？」，本意是鼓勵小孩在家不要閒懶，結果兒子每天悠哉過日子，星期天晚上已經躺在床上睡覺了，一想到「明天上課老師會問」，為了得到老師的讚美，竟然半

夜爬起來收衣服、摺衣服！

　　無獨有偶，兒子班上的同學也發生類似情形。星期天晚上，已經十一點了，那小孩仍拚命擦桌子、掃地，無論媽媽怎麼勸說，就是要做完才要上床睡覺。

　　唉！老師的讚美實在太有魅力了，讓這些小孩堅持要做家事。只是時間有點怪，有點像臨時趕工。

　　其實，這不是第一次見識到讚美的力量。以前，兒子都不肯唱歌，因為他不像同學們能開口唱歌，只會說

「咿咿啊啊」。

　　有一次，他忍不住想試試看，因為同學們都拿過麥克風。

　　現在輪到他拿起麥克風，隨著歌曲旋律搖擺，老師馬上誇他很有節奏感，他很開心，覺得自己很像歌星。而且上課久了，CD聽熟了，有一次，他知道歌曲要結束了，跟著大喊：「啊」，老師又誇他：「很棒，節拍抓得很穩。」他高興的一直笑！現在，他很喜歡跟同學一起拿麥克風唱歌──用身體跟著旋律搖擺，發出「咿咿啊啊」合音，這是他獨特的歌聲。

至於那場濕衣服大戰的結果呢？

　　後來，老師稍稍「封口」，果然兒子半夜起床做家事的行為消失了，一覺到天亮，我跟老婆從此睡臥香甜，謝謝老師救了我家衣櫥。

讚美的魅力

一句話說得合宜，就如金蘋果在銀網子裡。

——箴言廿五章十一節

詩人用金蘋果落在銀網子裡，形容讚美的影響力，這是讓人獲得雙重祝福的喜悅——就像無意間連中了兩次頭彩，樂翻了。

每個人都能成為祝福別人的心靈，尤其是老師、父母或上司，有權柄者的讚美與肯定，對孩子或下屬的影響極深遠。如書中沒有語言能力的唐寶寶，因為老師的讚美，讓他勇於跨出第一步，終於從畏懼的心靈角落，找到自己的「歌聲」；也找到了喜樂與自信。

　　真誠的讚美，如滋潤乾涸生命的恩雨，讓受挫的心靈得著安慰，重拾信心。

　　有些人不知道怎樣讚美？其實很簡單，只要做到以弗所書四章廿九節所說「污穢的言語，一句不可出口，只要隨事說造就人的好話，叫聽見的人得益處。」就行了！

　　等待別人讚美，不如自己先當投手發球。俗語說得好，施比受更有福嘛。記得擦亮眼睛，看到別人的優點，說良言美語。切記，勿學節目主持人語不驚人死不休，別將尖酸苛薄當作幽默，不然……後果可能……自己承當吧。

小老闆

有時我蠻橫霸道，活在自己的城堡裡，

不知道別人為我傷腦筋。

可是我捨不得看到你難過，

因為我永遠愛你。

我有兩個老闆：大老闆與小老闆。

　　每一天，我跟大老闆說完再見後，快步走出辦公大樓，拋開淑女的矜持，用飛毛腿的功力趕搭捷運，就算車廂已經像沙丁魚罐頭擠爆了，我還是奮力衝進去，因為分秒必爭，我趕著服務小老闆。

　　我是盡職的好員工，大老闆會付我優渥的薪水，而小老闆一毛不拔，十足的鐵公雞，只會用微笑當酬庸，只因小老闆的笑容太迷人了，為搏君一笑，我鞠躬盡瘁，一年工作三百六十五天，樂當鐵人。我老公不會吃

醋，甚至我玉體欠安時，他還會為我代班，因為小老闆是我倆的寶貝兒子。

我白天上班的第一件事，是整理桌上的公文，然後交給大老闆處理，而晚上服務小老闆的第一要務，是先餵飽他的小肚子。這兩件事都很重要，但若依執行困難度，後者充滿了挑戰，因為無論我說什麼，兒子都好像外星寶寶瞪著我，完全聽不懂我的話。

因為他是唐寶寶。

常常，我們一頓晚餐可以像吃喜酒一樣漫長，因為
兒子不會乖乖地吃飯，每次都將碗裡的飯菜彈得到處都
是，我一手餵他，一手收拾善後，十足像八爪女，忙不
停。

　　「不可以這樣玩喔。」

　　每一次，我要說很多遍，兒子才知道碗裡的飯是要
吃進嘴裡填飽肚子的。

　　感謝兒子，讓我學會了溫柔與耐心，好像有一台
　　　　幫浦擠壓器，每當我心裡正冒火，

　　　　噗滋噗滋，幫浦及時擠出愛之

　　　　泉滅火，若依我以前豪爽

的個性，或兒子是一般小孩，我早就修理他了。每一次我都忍下來了，因為打沒有用，他根本不知道為什麼被打，只會痛得哇哇大哭，而我會心疼難過。

今天，我有點無力感。

我的耐性被白天的工作消磨大半，一回家，已累得像軟趴趴的林黛玉，勉強圍上圍裙做好一頓晚餐，才剛坐定位，咻，一團飯粒從我眼前飛過……。

兒子用湯匙將碗裡的白飯彈來彈去，好像在比賽跳遠，又像在跳舞。

「不可以這樣玩喔！」

我疲憊地說，連自己都聽出語氣裡的無力。說了一次、二次，兒子的手沒有停止，我像洩氣的汽球看著白飯到處亂飛，想到天天上演同樣的戲碼，每天都得費力收拾殘局……啊，我再也受不了了！

為什麼不能好好吃一頓飯？

我為什麼要這麼辛苦？誰來幫幫我呀……！

「哇」一聲，我嚎啕大哭！

這一刻，我的幫浦機故障了，因為長期過度使用，已經擠不出愛之泉，只有眼淚像噴泉噴出。我哭喊出長久壓抑的痛苦，心太痛也哭太累了，最後趴在桌上，像小嬰兒一樣，任眼淚鼻涕亂流。

兒子停下來，靜靜地坐在旁邊，就像他哭的時候，我在旁邊陪他一樣。

突然，我的肩膀被敲了兩下。

不會說話的兒子舉起一隻肥嫩的小指頭，像敲門似敲了我肩膀兩下，好像在告訴我：老媽不要難過、我一直在旁邊陪你、我很乖……。

我嚇了一跳！因為我一直以為唐寶寶的他聽不懂我的話，想當然也不會了解我的感受，沒想到他竟然會安慰我，而且兒子才三歲，看來我小看他了！

我破涕為笑，兒子也露出淡淡的笑容回應——喔，他的笑容還是這麼迷人，我甘願為他付出一切！

這次之後，白飯亂飛的情形漸漸消失，終於天下太平，我們母子可以好好吃晚餐了。

溫柔無敵

柔和的舌頭能折斷骨頭。

——箴言廿五章十五節

厚灰水泥牆如巨人矗立著，分隔牆裡牆外不同的兩個世界。

一粒小小種籽隨風吹落在巨人腳下，巨人看著腳下的小訪客，無聲無語，繼續擁抱牆裡的孤單，隔絕了牆外的熱情。

可是有一天，突然「啵」一聲，小小的種籽冒出兩片嫩芽，兩片嫩芽在時間的鼓勵下，攀枝散葉，在灰巨人冰冷的身上織出美麗的綠大衣。

「啊，好溫暖呀！」巨人忍不住開聲讚嘆。巨人從此不再孤單，而牆裡牆外從此充滿了生機。

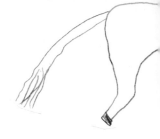

　　根據統計，幾乎每天都有一位唐寶寶——唐氏症的孩子誕生。

　　正常的人體細胞有23對染色體，唐氏症徵候群的人多出了一個21號染色體。

　　大部分的唐寶寶都有扁扁的臉、斜斜的眼、塌塌的鼻……，不過或輕或重的智能障礙，和伴隨而來的先天性白內障、聽力和語言能力的缺陷，才是阻隔了他們與外界溝通的層層高牆。

　　母愛就像微小的種籽，雖然唐寶寶的接收反應不若常人，可是母親的心很單純，只求孩子快樂地長大。可是有一天赫然發現「以為聽不懂的唐寶寶孩子，原來能體會我們的心情！」這種瞬間不預期的發現，就像從水泥縫中的兩片小嫩芽，微不足道，卻讓父母親破涕為

笑，甚至像中樂透般開心極了！因為——再沒有比生命奇蹟更讓人興奮了！

　　心中有愛，必能衍生驚人的包容毅力，能夠忍受一次次的挫敗，還能面露微笑溫柔愛之，終於戰勝嚴苛的現實環境；這就是溫柔的無敵。

　　溫柔，不是小鳥依人如林黛玉的柔弱表相，而是能貫徹創造真愛奇蹟的無敵推手。

生命有無限的可能正等著發掘，無論是世間的親情、友情、愛情，或天父樂意賞賜的真情，都能夠溫暖每個人生命中的巨人。

萬一巨人太強壯了，沒關係，天父的愛必能收服，巨人就會變成像小矮人一樣可愛……真的。

無尾熊男孩

欸？你怎麼可以看穿我的意圖？

還要跟我進行交易……

看你這麼有誠意又有耐心，

我就試試看好了！

他，抱著欄杆閉上雙眼，活脫像隻抱著樹幹睡覺的無尾熊。

　　這一天，我們一群志工帶憨兒們參觀動物園，孩子們很興奮，只要帶他們出去玩，每個人都會很高興，會特別聽話。只是太陽太大了，走在攝氏三十六度高溫的火傘底下，讓原本慢條斯理的唐寶寶們，腳步更加緩慢了。果然，才剛看完可愛動物區的無尾熊，馬上就有一個唐寶寶男孩學無尾熊，抱著欄杆賴著不走了。

　　我們叫他無尾熊男孩。

為了激起他的興趣，我們用像演舞台劇的興奮語氣對他說：

　　「走吧走吧，我們還要去看別的動物呢。」

　　「我想看獅子。」男孩半睜開眼睛說。

　　太好了！我們馬上說要去看獅子，可是男孩仍然抱著欄杆一動也不動。

　　「你不走，不去看獅子，難道要獅子跑出來給你看呀？」老婆說。

　　我跟老婆退休後一起來當志工，我倆可是「正港」（台語）的樂活族。

費盡唇舌後，男孩終於肯離開欄杆了。

不過我們還沒有走去獅子區，大隊人馬就殺進恐龍探索館吹冷氣去了，因為天氣實在太熱了。

晃了一圈出來，看完對面的猴子（還是猴子在看我們？）就準備吃便當了。

很多孩子一邊吃便當，一邊瞇著眼注視旁邊的7－11，若有所思。

哈！我們早就料到他們的心思了，所以特別在出發前三申五令，叫每個人備好水瓶，就是不要讓小孩花錢買飲料。很多孩子運動少，甜食吃太多、太胖了。

　　無尾熊男孩一吃完便當，就靠近一位年輕女志工，嘴裡咕嚕咕嚕地不知道在說什麼，但最後很清楚說「走啦」，手指著7－11，意圖很明顯。這小子真聰明，不理我們老夫妻，跑去找年輕女志工，就是看準了誰比較心軟好說話。

　　一般人都以為憨兒笨笨的好騙，自從我當志工後，發現才不是那麼一回事。

憨兒們都很可愛，不論年齡大小，即使高頭大馬成年了，心智還是單純的像小孩子，他們的快人快語，常常讓我哈哈大笑，心情快樂老半天。但是，他們也有「小心眼」的時候，而且有「識人」眼光，知道誰對自己有利，就像無尾熊男孩。

　　女志工溫柔地說不可以買飲料，這小子繼續糾纏，簡直在考驗人的耐力，最後老婆出手了。

　　「為什麼要買飲料呢？口渴嗎？你身上不是有帶水？」

　　老婆才一說完，這小子馬上打開身上的礦泉水猛灌。

我很擔心他被嗆到，但是我的擔心是多餘的，他一口氣喝完六百西西的礦泉水，立即跑去跟女志工說「走啦」，清楚表明「我現在水喝完了，我可以去買飲料了」。

　　老婆見招拆招，立即又丟了一個難題。

　　「買飲料要錢，你有帶錢嗎？」

　　我們想他身上一定沒錢，因為大部分家長不會給孩子錢。沒想到他立即從口袋裡拿出一個十元硬幣與五十元硬幣，老婆當場無話可說！

　　無尾熊男孩露出得勝的笑容。

　　我馬上登場，死守最後的防線，決定出無理牌。

　　「欸……你有兩個（硬幣）呀，我也有，我四個跟你換兩個，好不好？」我說。

無尾熊男孩露出警戒的表情盯著我。

　　我想他腦中的小算盤一定飛快地在計算：

　　四個換兩個？

　　奇怪？老師為什麼要跟我換呢？四個不是比兩個多

嗎？

　　欸……等等，我的是十元和五十元硬幣，可是老師

並沒有拿出他的四個硬幣，搞不好是四個十元硬幣，跟

他換，那我不是虧大了。

　　其他志工暗示再幾分鐘就要上車回教會了，所以我

繼續施展拖延戰術。

　　「不然，我四個再加上一張紅紅的。」

我立即掏出一張紅色百元鈔票給他看，唱作俱佳。坦白說，以前在公司上班時，口才也沒有現在這麼好，腦筋轉得這麼靈活，所以我確信老年癡呆症絕不會找上我。

　　無尾熊男孩眼睛忽然亮了一下：

　　那張紅色鈔票我認得，是一百元哦！這張鈔票比我兩個硬幣還多錢，如果再加上老師剛才說的四個硬幣，那我就賺到了！

　　可是……老師為什麼要跟我換呢？天底下有這麼好康的事嗎？我要跟他換嗎？……

　　無尾熊男孩不敢置信地看著紅色百元鈔，似乎在想要不要答應這筆交易。

正猶豫不決時，領隊大喊：「上車的時間到了！」

　　孩子們陸續背起背包，由志工牽著手走向大門，無尾熊男孩這時赫然想起原來心中圖謀的7－11重要大事，但為時已晚，落寞地看了一眼7－11，不捨地尾隨大家的腳步。

　　哈，我的拖延戰術成功了！

　　我猜他一定前晚就計畫好，出來玩一定要買東西吃、買汽水喝，所以身上才會備好錢。

　　為了安慰他失落的心，我摟著他的肩，像哥兒們對他說：「幹嘛在這裡花錢呢，我們回教會喝水都不用花錢，多好！」

　　我想起剛才的交易，馬上進行一番「教導」。

「我四個跟你換兩個，又有一張紅色鈔票，這麼好賺的事，怎麼不要呢？」

　　無尾熊男孩露出笑容，似乎在笑自己剛剛太多心了，錯過難得的好機會，看來他完全忘了心中的遺憾。我猜他一定會告訴自己：

　　下次老師要跟我換錢——四個換兩個，如果再加上一百元紅色鈔票，一定要馬上答應他。

　　老婆走在前面，聽見我的話，哈哈大笑，回過頭對我說：「你是金光黨。」

　　「我不是金光黨……」我鄭重地解釋：「我是騙子！」

有目標的忍耐

看哪，農夫忍耐等候地裡寶貴的出產，直到得了秋雨春雨。
　　　　　　　　　　　　　——雅各書五章七至十一節

忍耐與壓抑只有一線之隔。兩者些微的差距在於前者有目標，後者無。

有目標的忍耐，內心不受外界刺激、自亂陣腳，能平靜安穩，以柔克剛，引導對方有正確的思考，達到雙贏。

壓抑呢？容易心浮氣躁，無形中蠶食自我形象而不自知，最後以暴怒收場，傷了自己也傷了別人，關係破裂。

教養孩子，你選擇忍耐？還是壓抑？耐心不夠的人，只想速食化處理問題，不是按捺不住怒氣，用打罵

的方式修理孩子的無理行為，便是一味滿足孩子的要求，二者皆求表面上太平，背地裡，兩代鴻溝愈來愈深，各人生命花園雜草叢生，且不斷蔓延。

小不忍則亂大謀。所謀，是生命的成熟——教養者與受教者的生命成熟。

父母與師長，若清楚知道教養的終極目標，為了幫助孩子成長，必須忍耐悖逆挑釁的怒氣，迫使忍耐功力升級，冷靜諄諄告誡（誘導也行），幫助小孩脫離愚蒙任性，發揮節制力；大人快樂，孩子也快樂！

家庭和樂，想必世界也快大同了吧。

一流忍功，堅守目標，表面不動聲色，內功超強。是教養寶典，也是成功秘訣！不信？親自試驗看看，反正不花錢，有好無壞。祝天下人忍功一流，戰無不勝。

第二個媽媽

我愛我的父母，也喜歡愛我的人。

謝謝你們給我一個溫暖的家，

讓我不畏風雨、勇敢行動。

「我要李姐當我媽媽。」

這是我店裡十九歲中度智障女孩的生日願望。

我是店長，知道她的生日，為她慶生，這是第一次有人為她慶生。從她說出願望開始，她就成了我的女兒，而且是「大女兒」，因為店裡的小孩都想當我的孩子，真的，絕非我老李賣瓜自誇。

店裡的一個腦麻女孩也想當我女兒，大女兒很吃味，堅持「李媽媽是我的」，兩個女孩溝通很久，講妥「條件」，大女兒才同意她作我第二個女兒。另一個三十四歲的大男孩也說要當我的孩子，我現在五十歲，算一算，豈不是十六歲就生下他？我說不行。沒想到他不知從哪拿來一個泰國歌手的資料給我看，上面寫著歌手的媽媽十二歲生下他，我只好認了，收他做兒子。

最令我感動又爆笑的是一自閉男孩的真情告白，有一天，他一臉認真的對我說：「李姐，我也想當你的孩子，但是我自己算過了，我現在三十幾歲，你生不出來。」

哈哈哈……我聽了哈哈大笑，尤其聽到他說「我自己算過了」，可見他有謀略，一點都不笨。

我的孩子不斷增加，我兒子不在乎突然多了好幾位哥哥弟弟妹妹（目前還沒有姊姊），有時我們一起逛街，兒子看到女鞋在打折，還會提醒我買一雙鞋給妹妹。

　　我跟店裡孩子們相處的時間也比我兒子還多，我常帶他們出門，逢人就說他們是我的孩子，他們也親熱叫我「媽咪」。剛去教會時，我發現教友們露出驚訝的眼神，原來他們發現我的孩子都不同姓，以為我改嫁多次，哈哈哈。

　　我從沒想過自己會成為職場的老師，因為我不是特教老師。記得第一次看到他們時，他們像一群木訥的傻瓜站在店門口招呼客人，每個都臭著一張臉，客人哪敢上門？！更誇張的是，好不容易有客人來了，他們竟然往後跑，因為不會招呼，所以跑到裡面求救。

大女兒說，她覺得自己很笨、很醜，不敢跟人說話，也不知道怎麼說話，每次站在餐廳門口都很害怕，心裡不斷唸著：「拜託不要有客人。」若是不幸客人真的上門，只好飛奔去找老闆幫忙，害她常常挨老闆的罵！

　　後來餐廳結束營業，我笑說是被他們做倒關門。

餐廳沒了，幸有一群善心人士幫忙，另起爐灶，孩子們開始學做蛋捲賣蛋捲，只是依然沒自信，尤其當時店長一句「做不好，就全部買回去」，把他們嚇得更傻、蛋捲做得更糟了。

　　後來，我接下店長的職務，我跟他們一起做蛋捲，說：「做不好沒關係，我也做不好，慢慢做。」蛋捲做完了，我教他們賣，示範如何招呼客人，我說一次，他們學說一次，就這麼簡單。我常對他們說：「做事情不要怕，害怕就學不到東西。」結果這兩句話成了大女兒的座右銘。

　　有一天，我突發奇想，在店門口擺一張小桌子比賽賣蛋捲，自掏腰包提供獎金，每週得第一名可獲得獎金兩百元，連續一個月冠軍，可獲得獎金五百元，我教他

們拿到獎金，買點心大家一起吃，有福共享，所以每個人都很快樂，因為都很愛吃。

哇，重賞之下，傻瓜馬上變成勇夫！每個人拚命賣，連惜話如金的自閉兒也開口賣。有一次，自閉兒的媽媽來接他回家，他捨不得回家，說：「等一下，我還要賣。」後來賣了一盒，媽媽說可以回家了吧，他又說：「等一下，我要先登記。」在工作本子的名字欄上畫一筆，看到自己的業績沒有掛零，便露出滿意的笑容跟媽媽回家了。

還有一次，大女兒上白天班，早上賣了十幾盒，非常得意，走路有風，晚上下班後還特地打電話來問「業績排行榜」，啊！竟然被晚班的同學超過一盒，於是第二天上班拚命招呼客人，工作超賣力。

錢，真是太有魅力了！以前被罵，苦哈哈地等著下班，現在下班不回家，為了兩百元、五百元獎金，大家搶著賣，才訓練幾個月，每個人進步很快，學說話學應對，賣出興趣也賣出膽量，還賣出笑話。有一天我在家裡接到大女兒的電話⋯⋯

　　「媽咪，我跟你講，我今天去警察局。」

　　我嚇了一跳！擔心發生了什麼事⋯⋯。

　　「我今天去警察局賣蛋捲。」

　　「啊！警察局還可以賣蛋捲呀？」前所未聞，我「啊」得特別大聲。

　　一問，才知道大女兒與一位肢障同學同行，大女兒提議進警局推銷，但是那孩子不敢。

　　「你怕什麼，我們又沒做什麼事，又不會被關。」

大女兒一說，兩個人就大剌剌地走進去，坐在門口的警察好奇地問：「小姐，你來做什麼？」

「我們來推銷蛋捲呀，我們是身心障礙，警察叔叔你可不可以買一盒蛋捲，請買蛋捲幫忙做公益。」

警察買了一盒後，揮揮手下逐客令：「去去，趕快走開，我們要辦公。」

大女兒趁機獅子大開口，理直氣壯地說：「那你買四盒。」

警察討價還價買了兩盒，兩位女孩開開心心地走了。

我想那位警察一定是想：跟你們有理說不清，趕快買一買，好打發你們走。

我聽完後哈哈大笑，很佩服她們膽子大，換成我，膽子再大也不敢走進警察局賣蛋捲。

大女兒改變很多，以前是沒自信的小呆瓜，兩隻眼睛像兩片浮雲飄來飄去不敢看人，現在一開口就呱啦呱啦賣蛋捲，一點都不害怕，有大將之風。大女兒得意地說，以前她看到客人就跑，現在是追著客人跑，叫客人買蛋捲！

　　後來她「升官」成為店長，有記者風聞來採訪她，封她「蛋捲達人」，因為中度智障女孩竟然可以一天賣八十多盒蛋捲，業績頂呱呱，還當上店長，可謂生命奇蹟！

　　不過，有時候她也會碰到說了老半天什麼都不買的客人，沒關係，她還是有妙招——如果客人不買，她就跟著他走；他去哪裡，她就跟去哪裡，他去廁所，她就

在廁所門口等他。這招很管用，不管是誰都會停住腳步回頭對她說：「好，我跟你買一盒。」

可是我告訴她這是爛招，不可以強迫人，所以她保證不會再用這招了，如果生意不好，大不了再去警察局推銷。

我不是特教老師，但是我的方法用對了，也證明上帝能醫治原生家庭的創傷。

　　大女兒是在傳統教育下「不打不成器」的犧牲者，因為考試考了很多零分，老師打、爸媽打，弟弟罵她笨蛋，連資源班（啟蒙教室）的同學也嘲笑她，後來媽媽帶她去長庚醫院檢查，才知道她是中度智障。

每當有客人來家裡時，父母命令她不准講話，怕她一說話就「露出馬腳」，不願讓人發現家裡有個智障女兒。

　　現在她地位不同了，擺脫以前在家裡當受氣包的角色，每個月給家裡的薪水不比別人少，她媽媽說「她現在是有用的人」，不再視她為包袱。

　　大女兒在工作中找到自信，抬頭挺胸、意氣風發，像隻母老虎，誰欺負她，就大聲說：「我要告訴李媽。」叫我為她出頭。我曾打電話警告她讀國一的弟弟不准再欺負姊姊，不然我會登門找他算帳，結果他弟弟竟然說：「我也要找一個李媽媽。」

有一次，我接到大女兒的電話，她很緊張地說爸爸要打媽媽，她在房裡迫切禱告，突然想到找我求救，我叫她請媽媽來接電話，巧妙地支開她的父母，順利化解了一場風暴，事後她媽媽謝謝這個智障女兒「出手相救」，特別叮嚀她：「你要把李媽抓緊一點！」

　　她真的很聽話，緊緊跟著我，形影不離，別人真以為她是我的女兒。

　　感謝上帝給我憐憫的心，用不同的眼光看孩子們，不認為他們是殘缺、軟弱的，當我尊重他們是天父所愛的，他們就會敞開心視我如友、尊我為母親。每天一起工作，充滿樂趣，有時滿像「諜對諜」，別以為他們笨笨的，他們也有些小聰明，機靈的很呢。

我希望更多人——不管是身心障礙或是一般人，都能認識上帝，生命一定不再一樣。就像店裡的孩子們，各個有笑容、積極工作，不再是皺著眉臭著臉的小呆瓜，甚至敢走進警察局推銷……這般膽量，鮮少人有吧？

當他人的天使

　　每個人都有媽媽，沒有人是從石頭蹦出來的；這種戲弄三歲小娃的老掉牙玩笑應該過時了吧。

　　親情，永不止息。但世間百態，天下母親，有的慈愛溫暖，有的不然。縱然如此，無人能抹殺血液裡對DNA的呼求──這是人類的天性。

　　如果，有第二個媽媽，很幸運也很滿足。自己受愛蒙福，甚至原生的母親也蒙福，因為變調的親子關係開始在愛與饒恕中修復，一切都不會太遲。

　　第二個媽媽在哪裡？ 是你還是我？

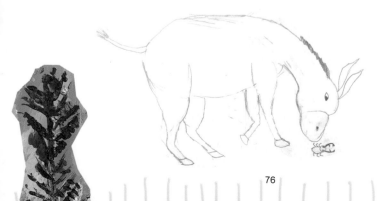

我父母離棄我，耶和華必收留我。

我的肺腑是祢所造的。

我在母腹中，祢已覆庇我。

我未成形的體質，祢的眼早已看見了。

祢所定的日子，我尚未度一日，

祢都寫在祢的冊上了。

——詩篇廿七篇十節、一三八篇十三及十六節

原來，愛，沒有因殘缺止步。

第二個媽媽像天使，真實活在身邊，化身慈愛的老師、樂意傾聽的好友、賞識的上司、同心的夥伴……甚至是不起眼的小人物，在挫折中給予良善的鼓勵、溫柔的安慰。

　　只要有愛，每個人都能成為天使，就像店裡的李媽媽，用愛心和耐心幫助這些孩子們打造一雙信心的翅膀，飛向陽光。

你找到天使了嗎？

不然，大聲呼求：上帝呀，給我一個天使吧！

不過，通常懶散的人不會發現天使，因為天使不是作牛作馬的老媽子。唯利是圖也不容易遇到天使，因為天使喜歡物以類聚。撇開這兩點，暗藏身邊的小天使、老天使……就是俗語說的貴人、麻吉，一定很快向你招手。

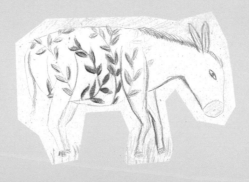

吃紙的男孩

請耐心呵護我，

我雖然不是最聰明的學生，

但我願意表現出最好的一面。

電話掛上的一剎那，在眼眶打轉的眼淚再也忍不住流下來了。

　　我是小學老師，我關心每一個學生；無論是當導師帶的班級，或是退休後在教會當志工服務的憨兒，每個人都是我的學生。我不放棄任何學生，尤其眼前這個大男孩，從外表上，很難看出這孩子有智能障礙。

　　「我是廢物，不要理我。」第一次見面時，男孩迸出這句話，然後很酷地沉默到聚會結束，完全不理人。這句話像在宣告──拒絕自己也拒絕別人。

　　「怎麼會這樣？！」我愣了一下，但沒有被嚇到。

　　沒有三兩三，豈敢上梁山？我雖然沒有《水滸傳》眾豪傑大口喝酒大塊吃肉的豪爽，但是數十年的實戰教學，還不至於被這句話嚇跑，我當天晚上馬上行動，打電話給男孩的父母。

執教鞭以來，我堅守不變的原則——不論是一般孩童或憨兒，要改變孩子的負面行為，唯有父母與老師的合作，才會看到神蹟，所以我常與家長溝通。

　　這一次的電訪，激起我跨越七十歲高齡的旺盛鬥志，並非衝動，而是深刻感受男孩的父母親為過去錯誤教育方式懊悔、為孩子的乖謬行徑憂傷、還有不放棄的親情；我也有孩子，將心比心，很能體會男孩的父母心情。

於是，我們三個人開始合作，共同為男孩打造一個可以信任的學習環境。

在來教會之前，男孩去過很多地方，每個地方都很快離開了。

每一次離開，男孩身上就多加了幾根刺，把自己防衛的更緊。

好幾次，他對我說不好聽的話、故意不照規定做事，我還是盡量溫和的對他說話，我想讓他知道，不論他做了什麼事，我都愛他，他可以信任我。

男孩從來不上外面的廁所，就算上學，也有辦法忍一整天再回家上。有一天，我畫了一張人體構造圖給他看，說：「我們的膀胱剛開始很小，就像汽球，尿愈來愈多，汽球就慢慢變大了，再不尿尿，汽球會破掉，人就會死掉！」我邊說邊舉起小小的拳頭給他看，慢慢的

手指張開了，到最後五根手指伸得

長長的──啊，汽球破掉了！

　　那天，他在教會上廁所了。

　　那是他來教會一年後，第一次

走進廁所。

一千多個日子奮鬥，終於看到黎明曙光；無論是親子關係或男孩的言行，都有明顯的進步。

　　他開始聽老師們的話。我常在晚上打電話給他，問他心情如何，有時會跟他約定，要改掉一些行為。他也願意遵守，但是常常忍不住再犯，我依然給他笑臉和擁抱，因為我知道，他最需要的是接納和寬容。

　　我也常打電話給男孩爸媽，溝通孩子的狀況。家裡的氣氛變得很不一樣，爸媽常常露出快樂的笑容，孩子也感受到了，他渾身的刺，揮舞的爪子，慢慢的放了下來。

　　可是最近我發現男孩怪怪的，他在吃紙！

　　我打電話問夥伴們（男孩的父母），才知道原來學校老師常異動，埋下男孩情緒不穩的不定時炸彈，對特

殊兒來說，老師的穩定性很重要，因為關乎信任。在最近一次月考中，監考老師看見男孩不寫考卷，就坐在旁邊強迫他寫，男孩沉默地順服，但一寫完考卷，立即撕了考卷並吃下去！他無聲地憤怒抗議。

　　媽媽趕緊去學校關心，老師說：「他不寫考卷就會零分。」媽媽淡淡的回答：「老師，我的孩子，零分與一百分有什麼差別？」

　　我不知道當時老師的表情為何，但是我知道這對父母親很難過，好不容易看見孩子進步，正享受一家和樂，沒想到權威教育引爆孩子的情緒炸彈。他心情起伏，說不出心中的痛苦，感覺好像被火燒，受不了時，就在家裡大吼大叫摔東西。父母親措手不及，只能忍痛默然承受孩子在家中爆發壓抑的忿怒。

掛上電話，我的眼淚一直掉，不是為自己難過，而是心疼這孩子的壓抑，他想跟了解他的人在一起，就這麼簡單而已，為什麼他的願望不能實現？

我更心疼父母的心酸，我也有孩子，很清楚知道教養兒女很不容易，何況是特殊兒！我願意幫助，但分擔的時間不過是一天兩天，可是他的父母卻是一天二十四小時、一年三百六十五天扛起這重擔，年年如此！

唉──，這三年的努力又回到了原點，我真的很難過。

但是夥伴們沒有放棄奮鬥，因為親情，也因為在暗夜中看到還有一丁點的亮光。

「他很喜歡去教會。」媽媽對我說。

這句話像是安慰我，又像是為自己打氣，我、男孩的父親、母親，我們三個人決心再站起奮戰。愛與接納，永遠是改變生命的不二法則，但對特殊兒的父母與老師來說，除了這兩項法寶，還需要具備與時間賽跑的耐力。

還好我現在退休了，有很多時間，雖然人老了，還是可以慢慢跑。

憐憫的力量

因我們上帝憐憫的心腸，叫清晨的日光從高天臨到我們，要照亮坐在黑暗中死蔭裡的人，把我們的腳引到平安的路上。 ——路加福音一章七十八、七十九節

有一個旅人身上背著重擔，旅人腳步蹣跚，豆大的汗珠佈滿臉龐，因為背上的擔子太沉重了。有一個路人看到了，經過旅人身旁時，悄悄地伸出一隻手扛起擔子的另一端，原來被壓得喘不過氣的旅人，立刻挺起腰來，腳上的步伐變得輕盈多了，旅人感激地問路人的名字，「我的名字是憐憫。」路人說。

惻隱之心，人皆有之。

　　一個接納的眼神、尊重的傾聽、真心的安慰、溫柔的教導……都是憐憫的行動；對施予者而言，這付出輕而易舉，但對受惠者來說，人情溫暖點滴在心頭，破除孤單絕望，在重擔下猶能露出笑容，因為有人能體會、願意分擔。

　　我們愛，因為上帝先愛了我們，因此每個人都成為愛的器皿，能愛人與被愛，沒有人是孤單被棄絕的。

　　世間原有愛，天地仍有情；別讓忙碌變成冷漠，一點點的付出，人心會更溫暖。愛，要有行動，千萬別只耍嘴皮，從身邊需要幫助的人開始吧，看看人臉上感恩的笑容，會發現原來──心靈裡的滿足與感動，是這麼簡單。

找回起初的愛

人們說我是從星星來的孩子，

難怪我有時會迷失在宇宙中。

不過偉大的上帝，總會溫柔引領著我……

我很愛我的兒子，雖然他有自閉症，我還是很愛他。

　　自閉症的孩子很特別，他可以笑，卻無法說出心裡的難過，這種感覺很痛苦，所以他會摔東西，摔報紙、書、椅墊……任何他可以拿到的東西，都躲不過他憤怒的火焰。

就像一座隨時會爆發的小火山，燒著自己，也四處燎原。

曾經，我痛苦絕望，最後我決定接受我的孩子，因為我是母親；母愛，是無法像物品般買賣，不喜歡就不要。

　　我愛兒子，當我成為母親，血液裡親情的基因自然讓我甘願承受不欲人知的痛苦，可我也曾享受母愛的甜蜜，因為我知道沉默的兒子很愛我。兒子雖然惜字如金，卻不吝嗇用行動表達對我的愛；每當我們過馬路時，兒子說「有車子」，一手拉我到他的旁邊，像小武士保護我，在那一刻，被呵護的甜蜜如綻放的花朵，甜蜜的花香盪在心頭，也感動兒子長大了，懂得付出保護家人。又有時，當我感冒咳嗽時，他會立刻過來拍拍我的背，想減緩我的痛苦──這點點滴滴，讓我覺得很窩心。

　　兒子也會「盯」我。平常我習慣洗澡刷完牙後關燈睡覺，有一天我太累了，直接倒在上床準備呼呼大睡，結果，兒子一直在我耳邊唸「媽媽沒有刷牙、媽媽沒有洗澡」，我只得起床做完他的吩咐，因為若不依從，他可能會在我耳邊唸到天亮，我們母子都不用睡了。當我乖乖做完了，上床時，沒想到，他特地幫我蓋被關燈，可能是獎賞我這麼累了還很聽話；那一晚，我睡得很舒服。

　　雖然別人說他是自閉兒，可是我很驕傲地說：他是

我兒子，他很溫柔、很體貼！

最近，我有一個煩惱。

我發現兒子開始會說謊，還有一些不好的行為，我很擔心，苦口婆心勸他：「你這樣子讓媽媽很傷心，你無法改掉壞行為，跟耶穌禱告，求耶穌改變你。」

兒子沒有回答，從他平靜的表情我不知道他有沒有聽進去。我若一再糾正他，他就會發怒、摔東西，唉，這是青春少年的症候群嗎？兒子已經長大了，有自己的想法，已經不像小時候打兩下就會乖了，責打反而會引爆他的怒氣，可是我真的希望他改過，所以我天天為他禱告，我相信耶穌能幫助他。因為耶穌幫助了我。

過去，我總是堅毅地面對每一次的人生挑戰，因為我有一位愛我、鼓勵我的慈父，父親是我意外人生最大的幫助。

可是當摯愛的父親離世，悲傷狠狠地打碎了我用能力與意志建立的高牆，我像一個墜入黑暗中的無助的小孩，啊，誰能幫助我！在走頭無路時，上帝救了我。

我失去了地上的父親，但找到了天上的父親。

從那一刻起，我找回過去努力生活的鬥志，但是我的心境改變了，我學會了禱告，開始為親愛的家人、同事、為一切難處禱告。

我也教孩子跟耶穌禱告，有一次在夏令營，有一個同學無故碰了他，他很生氣，氣得一直罵一直罵，不斷揮手，其他同學都嚇得跑開了，老師溫柔的對他說：「可以跟天父禱告，跟天父說你的心情。」

他馬上跟天父禱告，果然心情平靜下來。人所不能的，上帝能，只有祂能安慰那顆關起來的心，撫平洶湧的情感。

有一天，兒子又犯了老毛病，我忍不住責罵他兩句，他竟忿怒地不停的摔東西，我嚇了一跳，眼睜睜看著原本井然有序的客廳落入兒子狂飆的忿怒風暴中，一片狼藉，就像我的心，我很難過，忍不住跪下來大聲哭求，禱告求上帝平靜兒子高亢的情緒。

　　上帝，親自改變他吧……

　　主啊，現在只有祢能改變他……

　　我大哭！我的心被絕望撕裂了，只有上帝能給我希望。

　　我像孩子似的不斷哭喊上帝的幫助，我的雙眼早已被淚水模糊了。

　　「媽媽不要再傷心」突然，耳邊傳來兒子的聲音。

　　我不敢置信，抬起頭睜開眼睛看——兒子平靜地站在我面前，他高亢的情緒竟然在這一瞬間平靜下來了！

這一瞬間的變化，好像爆裂的火山突然被裂天降下的寒冰急凍——我的眼淚、我的禱告融化了兒子的心，也救了我們家脫離風暴。我緊緊地抱住兒子！

這一天起，我發現他偶爾會再犯，但是次數愈來愈少，一年後，他真的改過了，他回復成了那個貼心的溫柔孩子。

我很高興也很感恩，能夠認識上帝。

我愛兒子，我知道當我年老軟弱無力時，有一個人會愛他會幫助他，而且祂的愛比我的母愛更大更深，而且永不止息。

禱告的大能

在人所不能的事，在上帝卻能。

——路加福音十八章廿七節

什麼是自閉症？

有人形容，自閉兒是從星星來的孩子，雖然就在身邊，心思卻無法捉摸。

其實，自閉症是一種先天因腦部功能受損而引發的發展障礙。孩子從小就會出現語言和表達的障礙，甚至於到二、三歲都不會說話，也不喜歡和人互動，不會注視別人。對感官刺激經常有異常反應，有的聽到吵雜的聲音就尖叫不止，有的不喜歡被人碰觸，甚至不讓人

抱，連牽手也不行。最令人困擾的是，自閉兒常常無法控制情緒，生氣時會咬、撕、丟東西。

而且因為孩子的外表並無異常，許多不熟悉這種病症的人，會誤以為「自閉症」是心理因素或教養偏差造成的，把病源歸咎於「壞爸媽」，對孩子及父母造成二度傷害。

照顧自閉兒，就像跑一場長程馬拉松，除了醫療與教育的協助外，還需要耐心、毅力和堅持。

這些力量從何而來？萬一累了、倦了、力氣用盡了怎麼辦？

人慣用意志對抗壓力，用經驗與能力面對挑戰，而創造天地的上帝賜予人奇妙恩典，靠著耶穌的名呼求，天父必賜奇妙能力，幫助人在困難環境中依然有平安喜樂的心。許多在患難中認識上帝的憨兒父母親，為單純弱勢的孩子禱告求祝福，親身經歷到奇妙的祝福，上帝愛世人，你也可以得此恩典。

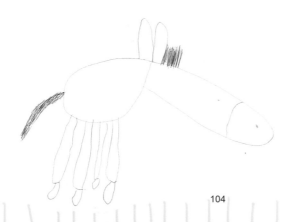

可以試作以下禱告：

親愛的上帝：我把自己（或心中所掛慮的家人朋友）交給祢，求上帝賜給（所提名的人）智慧力量面對難處，讓（所提名的人）能夠經歷上帝的恩典，雖然（所提名的人）還不認識祢，但是請祢幫助（所提名的人），讓（所提名的人）知道祢是真神、是愛（所提名的人）的上帝。禱告奉耶穌的名，阿們！

你們奉我的名，無論求甚麼，我必成就，叫父因兒子得榮耀。

——約翰福音十四章十三節

自閉的他不再害怕

每當我無助、害怕，我就禱告。

那無形的力量使我變得勇敢。

祂永遠關懷著我。

王昱筌，今年三十歲，自閉症。四年前，民國九十四年初，因著友人的介紹，王媽媽才答應孩子去基督教會靈糧堂。其實兩年前就有朋友介紹，但是都因為王媽媽信仰一般民間宗教，所以一直排斥去教會辦的這個喜樂家族。

　　昱筌要去喜樂家族，王媽媽自己還是不想去，所以就訓練昱筌自己坐公車往返，讓他自己去。昱筌去沒多久，王媽媽就發現他有改變，變得有自信（這在以往是完全看不見的），他會舉手搶答問題，會搶第一個唱歌。但是沒多久，王媽媽發生嚴重車禍，住進加護病房。單純的昱筌就跟老師說：「媽媽生病住院，請老師為媽媽禱告。」當天，老師就來到醫院探視王媽媽。老師為王媽媽禱告時，王媽媽無法抑制，眼淚彷彿泉湧；之後，老師連續兩個月來醫院探視、禱告，王媽媽心

想：「基督徒怎麼這麼有愛心？」

　　於是出院沒多久，王媽媽就和昱筌在六月底受洗成為基督徒。

　　昱筌本來是一個非常容易害怕、恐懼的人，從小就如此，也許是因為除了自閉症之外，昱筌還有氣喘、癲癇各樣疾病，造成他自小就比較沒有安全感；然而受洗之後，他說「害怕」的次數明顯減少，身體狀況也改善了。這對家人是極大的鼓舞！

反而是王媽媽，受洗之後卻一直不順遂！其中最大的打擊是先生忽然過世。事情是這樣的：受洗一年後，有一天王爸爸忽然休克、送醫急救，王媽媽迫切為先生禱告，然而，王爸爸後來還是過世了。可是從那時起，她卻陷入恐懼的深淵中，而且還長了蕁麻疹。

　　兩年以來，她看遍了各大醫院，台大、榮總、台安……，一直找不出病因，醫生只能開類固醇和抗過敏藥，藥劑量越開越重，王媽媽知道這樣下去身體一定受不了，只能單單尋求主的幫助，就禁食禱告，兩週下來，就差不多痊癒了。王媽媽堅定相信神的救贖是沒有條件的，神的大能、喜樂必然會拯救她。

「是兒子帶領我去教會的！」王媽媽如此篤定說道：「兒子昱筌去了喜樂家族之後，倍感尊重，變得很有自信，很喜歡去教會，而且每一次只要有醫治特會，他就一定要出席，尋求神的醫治，那我這個作媽媽的就一定要跟著他。是他的渴慕與堅定，影響了我！」果然，王媽媽的情況越來越好，神的醫治讓王媽媽知道跟隨主耶穌使她得勝利！

神總是用最適合我們的方式帶領每一個人。主看到王媽媽為了醫治兒子而受到各種綑綁，就帶領昱筌加入喜樂家族，透過昱筌回頭來醫治王媽媽。而在昱筌的姊夫身上，主透過一對可愛的雙胞胎女兒，讓他姊夫從一個孤獨不願上教堂的基督徒，重新回到教會生活，現在更成為詩班的成員。

　　姊夫和姊姊昱淳在二〇〇六年四月結婚，婚後他們很想要有小孩，也試過人工的方式，可是都沒有結果。去年九月，正當他們夫妻決定放棄，順其自然的時候，有一天王媽媽告訴他們，她和昱筌要去以色列（半個月），行程中有去哭牆，她叫女兒昱淳把想要兒女的願望寫在紙片上，她要到哭牆前求主。

　　姊夫對於岳母王媽媽所說的，本來覺得姑且聽之，並沒有抱任何期待。奇妙的是，在王媽媽回來的第六

天，姊姊就告訴姊夫，她懷孕了，而且主不但給他們祝福，而且給他們雙倍的祝福，祂賜給姊姊、姊夫一對雙胞胎女兒。

懷孕三個月作產檢時，發現雙胞胎女兒一大一小，而且差距頗大。在懷孕初期出現這種情形是很危險的，因為大部分的狀況下，優勝劣敗適者生存的結果，大的會愈來愈大，小的會愈來愈小，甚至被淘汰掉。雖然姊姊是婦科住院醫生，可是醫學上沒有什麼方法可以補救，因此他們唯一能做就是求主、信靠主。每天晚上，他們夫妻都祈禱主能看顧肚子裡得大寶、二寶，讓她們營養吸收均衡。

感謝主，她們的體重差距不但沒有增加，二寶反而以違反醫學常識的方式增加更多重量，減少她們之間體重的差距。這兩個神賜的嬰孩，出生一個多月就一覺到

天亮，個性好，不會無理吵鬧。

　　主也讓昱筌的姊姊從不認識主到信靠主，雖然姊姊還沒有受洗，不過她常常告訴先生，她覺得能夠認識基督真好，因為什麼事都有神可以依靠。

　　王媽媽家前後二任的印尼傭人阿麗和拉拉，也都成為了基督徒，有誰能想到在主的奇妙計畫裡，早已包括了要帶領一個中爪哇和一個東爪哇的回教徒，飄洋過海來到台灣領受祂的愛──而這也是因著昱筌信主所結出來的美麗果子。

　　主就像是牧羊人，用祂最獨特的方式，先是昱筌，然後是一個接一個的家人，把迷途的羊一隻、一隻的找回來，回到天父祝福滿滿的家。

轉動蒙福的鑰匙

「媽媽生病住院，請老師為媽媽禱告。」

昱筌的一句話，就像一把鑰匙，開啟了一扇門，帶領全家人進入意想不到的世界。第一個蒙福的人，是母親。

長久以來孜孜不倦努力照顧孩子的母親，柔弱地躺在病床上，看到弱智的兒子會為自己擔心時，心中的感動伴著幾分甜蜜的幸福，而這份幸福的感動更因素未謀面的教會老師的探訪而不斷擴深。

基督徒怎麼這麼有愛心？

心靈深處早已被世俗淹沒的秘密花園赫然被開啟

時，湧流的真愛滿足了一切的渴望，降服在愛中，進而為無法生育的女兒與女婿帶來神蹟；逗人喜愛的雙包胎新生兒見證神蹟的發生。

　　上帝所開啟的門，沒有人能關上；沒有人能抵擋上帝所要賜的福。而蒙福的關鍵，不過是弱智男孩單純的祈求罷。

　　耶和華說：我知道我向你們所懷的意念，是賜平安的意念，不是降災禍的意念，要叫你們末後有指望。

——耶利米書二十九章十一節

愛生氣的女孩

跌倒了，就再爬起來。

上帝會輕撫你的傷口、擦乾你的淚水，

持續為你帶來希望。

家伶小時候發燒，智能因此受損。本來她在天主教所辦理的「萬大之家」學習，後來那裡的老師建議家伶可以去靈糧堂聚會，於是非常關心家伶的葉媽媽就帶著她來到了「喜樂家族」。

家伶去了「喜樂家族」後，有了極大的改變。家伶因為智能受損的關系，常常會被排斥，可是來到「喜樂家族」，發現大家都很接納她；而且本來動不動就發脾氣的她，發現生氣時，有人抱著她禱告，很愛她，後來她自己也開始禱告，不再那麼容易生氣，人也變開心了。

於是葉媽媽決定，要讓家伶受洗。很奇妙的是家伶受洗之後，每回生氣時，媽媽只要禱告，家伶好像都變得聽話了。

一年半以前吧，家伶和家人起了很大的衝突，一氣之下衝出家門，大家都不知道她往那個方向跑。這時媽媽只能禱告，沒多久，家伶竟然自己按門鈴回家了，這在以前是不曾發生過的。於是媽媽就更加堅信：家伶是屬上帝的孩子。

本來，在他們身邊的人動不動就說家伶會這樣，是因為上輩子作孽的結果，要不然就說是爸爸媽媽沒積陰德，給他們家造成極大的壓力，常常有一種感覺，彷彿永世不得翻身。不過，現在耶穌進入他們的家，翻轉了他們的信念，妹妹反而成為一家人的祝福。爸爸媽媽現在看待家伶的方式，也不再是永遠還不完的債，反倒是覺得她很可愛，雖然三十歲了，卻是可以一直陪伴他們最親近的女兒。

約翰福音記載耶穌看見一個生來是瞎眼的人，門徒問說：「拉比，這人生來是瞎眼的，是誰犯了罪？是這人呢？還是他父母呢？」耶穌回答說：「不是這人犯了罪，也不是他父母犯了罪，是要在他身上顯出神的作為來。」家伶的狀況正印證耶穌說的這句話。姊姊玲伶說：「要是沒有我妹妹，我一定是個非常自私的人。是

妹妹給了我們機會，讓我們學會付出與關心，妹妹是我們的祝福！」

姊姊玲伶本來對基督徒很反感，覺得他們一直強迫人聚會；雖然妹妹受洗，她也不願意參加，就是不想被教會的人洗腦。然而妹妹進了教會，對她而言，還是打開了一扇門。兩年前，女兒兩歲時，她才請育嬰假在家帶小孩。那時沒有工作，內心十分空虛，一個念頭進入

腦中：難道工作是她唯一的舞台？是她人生唯一的寄託？有一天，她走在路上，連續兩、三個人向她傳福音、發傳單，其中有一個小姐鼓勵她說如果有困難可以禱告。

那一天晚上，玲伶說：「我打開電視看GoodTV，是孫越叔叔作見證，他說自己是一個很壞的人，卻被上帝的愛改變了人生。我因為已經很久都睡不好、失眠，先生又出差不在家，就自己做了一個禱告，希望能睡的很好，當晚果然一夜好眠。」接著，沒多久，爸爸因為心臟血管問題進馬偕醫院，於是她又為父親禱告，父親動手術也非常平安，她就接受了耶穌成為救主。

　　不過丈夫尚華（家伶的姊夫）並不信，他是一個無神論者，認為女人家比較軟弱，才會去信主。玲伶堅定地信靠主耶穌，長久為著丈夫信主禱告。有一次，尚華要考不動產估價師的證照，壓力很大，因為錄取率非常的低，二○○七年第一次舉辦，錄取率3.8%；二○○八年錄取率更低，只有1.8%。

去年二○○八年九月他剛考完第二次，完全沒把握，有一天正在開車回家的路上，忽然心裡感覺很激動，不斷落淚，覺得上帝在安慰他。他回家後，玲伶把當週的週報拿給先生看（上面有受洗的時間，玲伶希望先生受洗很久了），先生一看二話不說就說要受洗。雖然第二次還是落榜，但是尚華知道：如果沒有上帝，他將無法承受一而再的失敗，不過現在他徹底明白：在這一生中要倚靠誰！

　　夫妻二人可以說都是因著家伶接觸上帝，把上帝救恩的信息帶進家裡，成為被神找回來的幸運兒！

我的心祢能懂

　　人，是奇怪又矛盾的動物。

　　知識教導不可以貌取人，但說實話，哪個父母親願意自己的孩子與弱智者往來，甚至嫁娶？知識無法教化改變弱肉強食的社會現實，唯有愛能跨越鴻溝，溫暖人情冷漠；因為愛，有憐憫。

　　拒絕帶來的傷害，不需要理性推理，是人都能感受。弱智的家伶說不出心中的痛，只能放任憤怒填滿傷口，傷了自己也傷了疼愛的家人。

　　慶幸，家伶終於找到了醫治的源頭。

恨，能挑起爭端；愛，能遮掩一切過錯。

——箴言十章十二節

　　屬天的DNA，讓家伶與父母找到了喜樂，拋開前世今生罪孽的沉重包袱，也讓疼愛自己的姊姊、姊夫找到人生逆境中的扶持力量。人，很奇怪也很矛盾，慶幸，天地間還留有一祝福：

　　因為耶和華不像人看人；人是看外貌，耶和華是看內心。　　　　　　　　　——撒母耳記上十六章七節

小驢駒

小驢駒，是指出生後從未被使用的小驢子。

根據《聖經》記載，耶穌騎小驢駒進耶路撒冷城，

不久即被釘十字架，年僅三十三歲。

三十三歲的壯年男子騎駿馬或成年的驢子，

絕對比騎身小體弱的小驢駒來得舒服，而且走得快，

可是耶穌卻揀選了小驢駒，為什麼？

春天親吻了大地，綠意在溫暖中甦醒，送走了冷傲孤絕的訪客，片片嫩芽在樹枝上冒出頭來，連草叢中被寒霜凍僵的花苞，也挺直了窈窕的身段，露出美麗的笑容。空氣中激盪著綠意的芬芳與花香，小驢駒仰起臉來大大吸一口氣，飽嚐芬芳的新鮮空氣，快樂地說：

　　「春天來了，真好呀。」

小驢駒對春天的發現，只有金色陽光送來溫暖的回應，沒有人回答牠。

　　每一天，小驢駒被栓在門外的街道上，村裡人來人往，卻沒有人注意牠，因為商人們專注計算生意的利潤，男人們忙著搬運貨物工作賺錢，而婦人們總是惦記家裡的食物夠不夠；沒有人會在乎小驢駒。

　　只有一個小男孩會來找小驢駒玩耍。

他有一隻腳是瘸的，走路很困難，但他每天都會拄著柺杖來看小驢駒，用小手梳理牠身上的鬃毛，給牠一些乾草吃。

有時小驢駒會發出笑聲、或用頭去搔搔小男孩，逗得他咯咯笑不停。

小男孩心裡有一個小小的願望。每次遠眺村外的橄欖山，在燦爛的陽光閃爍下，橄欖山反射出像綠寶石般迷人的光彩。

小男孩看得心動，渴望自己的腳能好起來，像其他孩子一樣在樹叢裡奔跑。

小驢駒也有個小小的願望，希望有一天能解開繫在木栓上的繩子，隨主人出去看看村外的世界。

曾經，有一個旅客經過，停下腳步看著小驢駒，小驢駒興奮地抬起頭來，希望旅客能喜歡牠，但是旅客搖

搖頭走了。「太小了，什麼都不能做。」旅客離開時丟下這麼一句話。

「沒關係，有一天我會長大變強壯。」小驢駒說，相信自己有一天一定會遇到好主人。可是一天天過去，小男孩和小驢駒的願望始終沒有實現。

有一天，小驢駒遇到一位長輩，那是一匹隨著旅行商隊進入村裡作買賣、駝著貨物的老驢。雖然沐浴在溫暖的春光中，但老驢的臉色卻如黑夜般深沉，因為背上的重擔讓心情仍停留在寒冷的冬季裡。

「你可以告訴我村外是什麼樣的地方嗎？」小驢駒謙和地問。

溫柔的聲音如春風吹走老驢心中的蕭瑟，露出難得的笑容說：「呵呵，外面的世界當然不比你這個小村子，我走過高山低谷，越過乾旱的曠野，風兒同我遨遊

叢林，淙淙溪水聲伴我入眠，然後飲著清晨的第一道曙光甦醒過來，那是一個充滿冒險的美麗世界。」

老驢說的沒錯，腳下的旅程充滿刺激與冒險，但也充滿了孤單與為生活奔波的重擔，只是沒有說出口罷了。

從未聽聞的冒險世界讓小驢駒露出欣羨又敬佩的眼神，這眼神鼓舞了老驢找回遺忘已久的自信，繼續說：「曠野的道路並不平坦，佈滿大大小小的山丘與高高低低的山窪，而炎夏烈日與寒冬風雪無情地追逼你……」老驢語氣停頓了一下，回想以前的苦日子，一幕幕景象剎時清晰地浮現腦海……老驢看看小驢駒，無限同情地說：「你太年輕了，無法勝任的。」

　　小驢駒頭低低的不說話。

　　「當你長大了，或許有人會用你。」老驢安慰小驢駒後，揮別剛進村子時的低沉，精神抖擻地馱著貨物離開了。

　　小驢駒愈來愈期待趕快長大。

　　幾天後，村子裡來了一位尊貴的客人，那是一位戰士。在小驢駒的眼中，戰士所騎的馬與主人一樣高貴。

「親愛的朋友，你好呀。」

小驢駒親切地問候，但是戰馬逕

顧低著頭吃草，因為覺得與卑微階級者說話有失身分。

「你知道外面的世界嗎？我聽說外面的世界充滿了

冒險。」小驢駒興奮地述說著老驢告訴牠的話。

「嘶！嘶！」戰馬抬起頭來大笑兩聲，笑到讓牠願

意開口說話。

「那不過是平凡人所走的路罷了，山林冒險怎能比

在戰場衝鋒陷陣激烈；曠野的道路又怎能媲美紅地毯的

榮耀。」

想到戰場上刀槍相向的激烈畫面，昨日才並肩同行

的戰友，下一秒中竟倒臥在血泊中成為死亡的奴隸，戰

馬不禁意地打起哆嗦，但是巧妙的將這顫抖的小動作化

作抖落身上的灰塵般自然。

此時凱旋歸來的驕傲掩蓋了在戰場上死亡的恐懼，戰馬瀟灑地說：「每當我從戰場上凱旋歸來的時候，我會走在紅地毯上接受王公貴族的歡呼，最後我會得到君王的讚賞，那是一條榮耀的道路。」

　　「紅地毯？君王？」小驢駒第一次聽到，忍不住提高了語調，嘴巴張著大大的，彷彿耳朵裡聽見了如海浪澎湃般的萬人歡呼聲，高高在上的君王正迎接牠。

「希望我將來也可以走紅地毯。」小驢駒興奮地說，因為牠很想看看君王。

「嘶！嘶！」這句話讓戰馬笑到上氣不接下氣，「哈哈──我從來沒有聽過驢子上戰場，你沒有功績怎麼會見到君王呢？榮耀尊貴的君王不是你們這種平凡人可以見到的。」戰馬哈哈大笑，笑到眼淚快掉下來了，但是看到小驢駒難過的眼神，不禁收起驕傲的笑容，憐憫地說：「別難過了，你一定有用處的。」戰馬高興地離開了，覺得自己其實還滿善良，鼓勵了不同身份的小輩。

現在，小驢駒知道外面的世界了，但是牠有點落寞，覺得自己太小太平凡了。

小驢駒不再歡笑，毫無生氣地臥在地上。

「你生病了嗎？受傷了嗎？」小男孩關心地問，一隻小手忙著摸牠的頭，看牠有沒有發燒。

小驢駒把頭偏過去，不理小男孩。

小男孩仍然每天來看小驢駒，摸摸牠、說說話，還帶些麵包給牠吃，希望牠快點好起來。

其實小男孩家並不富裕，這些麵包都是從他自己的晚餐裡省下來的。

一天天過去，小驢駒絲毫沒有好轉的樣子。

有一天，小男孩很晚才來，也不說話。

小驢駒心想，「小男孩一定嫌棄我了。」

忽然小驢駒感到有水滴在身上。

「下雨了？」小驢駒好奇怪，暖呼呼的太陽高掛在空中，明明是個晴朗的好天氣，可是第二滴、第三滴水又落在身上，這是怎麼一回事？

小驢駒忍不住抬頭，看見小男孩臉上掛滿淚水。

「親愛的上帝，我的好朋友生病了，牠一定很難過，請祢安慰牠。」小男孩雙手合十的閉著眼睛向天祈禱，臉上的淚珠一顆顆落在小驢駒的身上。

小驢駒聽了好感動。

牠想站起來，舔乾小男孩的眼淚，可是牠趴在地上太久了，四條腿根本站不起來。更沒想到，這時小男孩手一鬆，枴杖掉到地上，整個人倒下來。

他靠著小驢駒，全身火燙，不停的發抖。

「你怎麼了？」小驢駒著急的大聲叫喚，希望有人來幫忙，可是四周一個人都沒有。

「如果能讓這個孩子好起來，我什麼都能做。」小驢駒對自己說。

牠掙扎的站起來，挺直腿，邁開步伐，奔向橄欖山。

牠聽人說過，橄欖山上有一位很棒的醫生。

小驢駒跑了好久、好久，終於到了橄欖山。

牠精疲力盡，倒了下來。在牠閉上眼睛的那一刻，

牠好像看見夕陽的光芒，照在牠的頭上，好像戴著一頂閃著金光的王冠。

幾天後，有兩個陌生人走進村子，來到小驢駒面前，說：「主要用牠。」

「主為什麼要用這小驢駒呢？」有人問，「牠又小又瘦，什麼也不會。」

這兩人不回答。小驢駒又驚又喜地跟著走，當來到主人面前，小驢駒謙卑地低著頭，感謝主人選上平凡的自己。

一隻溫暖的大手撫摸著牠，小驢駒感受到主人的溫柔。

主人騎著小驢駒緩緩地走向耶路撒冷城，一路上有許多人跟隨，當進入耶路撒冷城時，愈來愈多人聚集，很多人將棕樹枝鋪在地上，還有人脫下身上寶貴的衣服鋪在地上，小驢駒很訝異，因為地上交錯的棕樹枝與衣服正閃耀著寶石般的光芒！牠還看見小男孩在向主人揮手，咦？他怎麼不用拿枴杖了呢？

「我的主人到底是誰？」小驢駒油然興起一股敬畏，莊嚴地抬起頭來緩步向前走，耳裡傳來如海浪澎湃的眾人歡呼聲：

和撒那，和撒那，奉主名來的是應當稱頌的！
那將要來的我祖大衛之國是應當稱頌的！
高高在上和撒那！

小驢駒流下感動的眼淚。

因為世上任何君王都無法與我主相比，我主為愛捨棄天上的尊貴，眼前正是我主用鮮血救贖帶來平安的榮耀道路！

「主，無論你去哪裡，我願跟著祢，一生被祢使用。」小驢駒說。

找回單純的心

耶穌為什麼揀選了小驢駒？

耶穌並非不喜歡駿馬、驢子，而是看重小驢駒有一顆單純謙卑的心。

世人看外貌，但上帝看內心；任何不起眼的平凡人物，只要心存謙卑，都能被上帝使用。

小驢駒從未被人使用，因為很渺小，村民不會注意牠。只有小孩子接納牠，因為小驢駒很單純，物以類聚。

但是小驢駒看不見上天賜予牠的寶藏——單純。

一旦落入世界的陷阱中——小驢駒在比較的陰影下，面對經驗豐富的老驢與能力卓越的戰馬而心生自卑，原來單純的心失去自我。

幸好，小驢駒的單純無意間讓老驢與戰馬褪去世故

與驕傲，找回自信與憐憫，自己也成為最榮耀的祝福。

喜樂家族的小驢駒

在喜樂家族，也有許多如此單純可愛的小驢駒。

喜樂家族的一位才藝老師曾說，因為學生是弱智的憨兒，要教很多次才會懂。

在強調能力就是競爭力的社會中，憨兒如小驢駒微不足道。而天父的眼光呢？每個人的存在都有意義，上帝可以使用每一個人，上帝要如何使用憨兒呢？

仔細觀察憨兒，他們的溝通很簡單，因為智能及語言有限，只好用最「原始」的表達方式——擁抱及永遠說不膩的「我愛你」。

而這動作、這句話，早已被社會大眾「冷凍」，認

為是噁心之舉。可是,這就是上帝賜予憨兒的寶藏——單純溫柔的傳遞愛。

憨兒單純愛的表達,打破人情世故的距離,讓許多憨兒的父母、服務的志工甘願付出,因為付出愛也享受愛。上帝透過這些孩子鼓勵我們學習溫柔。

憨兒雖如小驢駒渺小,卻仍有上帝賜予的寶藏,而且單純的孩子們樂意敞開與人分享他們的寶藏。

若你身邊有這可愛的小驢駒,不妨試看看,你會發現許多有趣、單純、溫柔的啟示。

切切保守你的心

上帝造萬物各按其時,且都有其美好的計畫——每個人的出生決非偶然。

每個人的成長境遇不同，有人備受寵愛，有人背負家庭重擔，但是上帝不輕看任何人，賜予各人不同恩賜，面對不同的生命挑戰。恩賜如寶藏寶貴，你已經找到屬於你的寶藏了嗎？

　　這寶藏蘊藏著無窮的智慧、能力與勝過患難的喜樂！

　　因為上帝應許祂的剛強要代替人一切的軟弱──在每個人身上，慈愛的救主要恢復人的榮美！

　　每個人的存在都有美好的意義，一時落入現實生活中的意外衝擊時，難免心生挫敗，但不要放棄希望，因為慈愛全能的天父必能幫助你！

　　當然，勇敢面對逆境挑戰，不斷披荊斬棘制敵得勝時，終有一天會擁有卓越能力與豐富的處世經驗，但別忘了仍要保守一顆如小驢駒單純的心。

《找回起初的愛》 抽獎說明

即日起到2009年12月31日止（以郵戳為憑），填妥回函卡寄回，即可參加抽獎！

豐富獎項，溫馨贈送！

1. 東方航空2010上海世博會／
   台北－上海來回經濟艙直飛機票＋世博會門票──3名
2. 鴻禧大溪別館住宿券（價值6500元）──2名
3. 白絲帶影片（價值1050元）──3名
   （剖析時下青少年使用網路現況，是家長或學校老師不能錯過的趨勢觀察）
4. 喜樂家族手工植物沐浴組（價值900元）──1名
5. 訓練孩子管理錢財有聲書（價值800元）──5名
   （在孩子成年以前訓練正確理財觀，讓孩子終身受用）
6. 喜樂家族手工芳香沐浴組（價值700元）──1名
7. 鴻禧大溪別館美人泉溫泉券一張（價值600元）──20名
   （使用期限：99年2月1日～99年7月31日）
8. 愛在Friday Night－兩性溝通有聲書（價值300元）──5名
   （專家演講教導夫妻如何處理婚姻中的衝突與溝通問題）

備註：
1. 台北－上海來回機票需於2010年5月1日至2010年10月31日期間使用，採團進團出之方式，恕無法自行往返。上海世博會門票需與機票一同使用，恕無法分開使用。
2. 機票不包括兩地機場稅、兵險、燃油附加稅及其他相關捐稅
3. 鴻禧大溪別館住宿券價值已含10%服務費+早餐
4. 活動公布：得獎名單將於2010年1月15日公布於城邦讀書花園網站（www.cite.com.tw），啟示出版將於2010年1月15日前以電子郵件及電話通知中獎者，獎品於1月22日統一寄出。
5. 中獎獎值超過新台幣13,333元以上，依稅法規定須代扣15%機會中獎稅。

贊助廠商　鴻禧大溪別館 TA SHEE RESORT　中國東方航空 CHINA EASTERN　　台灣愛鄰社區服務協會

104　台北市民生東路二段141號2樓

英屬蓋曼群島商家庭傳媒股份有限公司城邦分公司　收

- -

請沿虛線對摺，謝謝！

書號：1MA020	書名：找回起初的愛

讀 者 回 函 卡

謝謝您購買我們出版的書籍！請費心填寫此回函卡，我們將不定期寄上城邦集團最新的出版訊息。請在2009年12月31日前填妥寄回，將有機會贏回超值獎品（請見第152頁贈品訊息）。

姓名：＿＿＿＿＿＿＿＿＿＿＿＿＿＿＿＿＿＿＿

性別：□男　　□女

生日：西元 ＿＿＿＿＿＿ 年 ＿＿＿＿＿＿ 月 ＿＿＿＿ 日

地址：＿＿＿＿＿＿＿＿＿＿＿＿＿＿＿＿＿＿＿

聯絡電話：＿＿＿＿＿＿＿＿　　傳真：＿＿＿＿＿＿＿＿

E-mail：＿＿＿＿＿＿＿＿＿＿＿＿＿＿＿＿＿

職業：□1.學生 □2.軍公教 □3.服務 □4.金融 □5.製造 □6.資訊

　　　□7.傳播 □8.自由業 □9.農漁牧 □10.家管 □11.退休

　　　□12.其他 ＿＿＿＿＿＿＿＿＿＿＿＿＿＿＿

您從何種方式得知本書消息？

　　　□1.書店□2.網路□3.報紙□4.雜誌□5.廣播 □6.電視 □7.親友推薦

　　　□8.其他 ＿＿＿＿＿＿＿＿＿＿＿＿＿＿＿

您通常以何種方式購書？

　　　□1.書店□2.網路□3.傳真訂購□4.郵局劃撥 □5.其他 ＿＿＿＿＿

您喜歡閱讀哪些類別的書籍？

　　　□1.財經商業□2.宗教、勵志□3.歷史□4.法律□5.文學□6.自然科學

　　□7.心靈成長□8.人物傳記□9.生活、勵志□10.其他 ＿＿＿＿＿＿

對我們的建議：＿＿＿＿＿＿＿＿＿＿＿＿＿＿＿

＿＿＿＿＿＿＿＿＿＿＿＿＿＿＿＿＿＿＿＿＿

＿＿＿＿＿＿＿＿＿＿＿＿＿＿＿＿＿＿＿＿＿

＿＿＿＿＿＿＿＿＿＿＿＿＿＿＿＿＿＿＿＿＿

＿＿＿＿＿＿＿＿＿＿＿＿＿＿＿＿＿＿＿＿＿

找回起初的愛／喜樂家族著；－－初版.－－臺北
市：啟示初版：家庭傳媒城邦分公司發行，2009.11
：　公分.──（Soul系列：020）

ISBN: 978-986-7470-46-1（平裝）

1.特殊兒童教育　2.身心障礙教育　3.通俗作品

529.6　　　98020592

Soul系列20
找回起初的愛

作　　者／喜樂家族
企畫選書／彭之琬
責任編輯／許如伶
版　　權／林心紅
行銷業務／林詩富、林彥伶
總 經 理／彭之琬
發 行 人／何飛鵬
法律顧問／台英國際商務法律事務所羅明通律師
出　　版／啟示出版
　　　　　台北市104民生東路二段141號9樓
　　　　　電話：(02) 25007008　傳真：(02)25007759
　　　　　E-mail: bwp.service@cite.com.tw
發　　行／英屬蓋曼群島商家庭傳媒股份有限公司城邦分公司
　　　　　台北市中山區民生東路二段141號2樓
　　　　　書虫客服服務專線：02-25007718；25007719
　　　　　服務時間：週一至週五上午09:30-12:00；下午13:30-17:00
　　　　　24小時傳真專線：02-25001990；25001991
　　　　　劃撥帳號：19863813；戶名：書虫股份有限公司
　　　　　讀者服務信箱：service@readingclub.com.tw
　　　　　城邦讀書花園：www.cite.com.tw
香港發行所／城邦（香港）出版集團有限公司
　　　　　香港灣仔駱克道193號東超商業中心1樓
　　　　　電話：(852) 25086231　傳真：(852) 25789337
馬新發行所／城邦（馬新）出版集團
　　　　　Cité (M) Sdn. Bhd. (458372U) 11, Jalan 30D/146, Desa Tasik, Sungai Besi,
　　　　　57000 Kuala Lumpur, Malaysia.
　　　　　電話：(603) 90563833　傳真：(603) 90562833
封面設計／陳春惠
排　　版／陳春惠
印　　刷／韋懋印刷事業有限公司
總 經 銷／聯合發行股份有限公司　電話：(02) 29178022　傳真：(02) 29156275
■2009年11月26日初版　　Printed in Taiwan
■2009年11月27日初版4.5刷
定價220元

城邦讀書花園
www.cite.com.tw